JN065561

こま
博士になろう

日本こままわし協会

まるごとこまを知る本

いかだ社

はじめに

「どうしてこまって倒れずにまわるんだろう？」

　こまは、昔から世界中であそばれているとても身近なおもちゃですが、考えてみると、とても不思議で複雑な動きをします。

　どうしてそうなるのか、いまだにわかっていないこともあり、研究も続けられています。でも、不思議だからこそ魅力があり、多くのこまが生み出され、今でも大人、子どもを問わずあそばれているのだと思います。

　日本中、世界中には形や材料はもちろん、まわし方もいろいろなこまがあり、それぞれに特徴があります。形が似ているものから、その地方にしかないものまで、さまざまなこまを見て比べて、こまのことをいっしょに考えてみましょう。

もくじ

はじめに …………………………………………………… 2

【世界のこまの歴史】
　こまのはじまりはいつかな? …………………………… 4
【日本のこまの歴史】
　日本最古のこまはどんなもの? ………………………… 6
【投げごまの歴史】
　日本独特のこま……………………………………………… 8
べーごまとベイブレード………………………………………… 9

日本のこま
　東日本……………………………………………………… 10
　西日本……………………………………………………… 12
世界のこま
　アジア……………………………………………………… 14
　ヨーロッパ………………………………………………… 15
　南北アメリカ……………………………………………… 16
　アフリカ・中近東・オセアニア・ロシア………… 17

【こまの科学1】
　こまはなぜ倒れないの? ……………………………… 18
【こまの科学2】
　よくまわるこまって、どんなこま? ……………… 20
自分だけのこまをつくろう………………………………… 22
　工作1●テープごま ……………………………… 23
　工作2●CDごま ………………………………… 24
　工作3●いろいろな形のこま ………………………… 25
　工作4●マクスウェルのこま ………………………… 26
こまの保管／オリジナルべーごまをつくろう ………… 27
「日本こままわし協会」紹介 ………………………………28
めざせ! こままわしの達人………………………………29
　級位認定項目／段位認定項目
日本独楽博物館に行ってみよう おっちゃんが待っているよ ……30

あとがき …………………………………………………31

世界のこまの歴史

こまのはじまりはいつかな?

木の実などの自然物でつくられたこまが遺跡から発見されていることを考えると、
何千年も前から人々の間で親しまれ、あそばれていたのでしょう。

こまの起源がいつなのか?　はっきりと書かれた文献はありません。

現在、残っているもっとも古いこまは、エジプトで発掘された「たたきごま」で紀元前1400年～2000年頃のものだといわれています。たたきごまの場合はけずって形を整えていくという作業が必要です。おそらくそれ以前は、左右対称の自然物、たとえばどんぐりやくるみの実、貝やヒトデなどに枝などをさしてつくっていたのではないかと想像できます。まわし方も、単純なひねりごまや手もみごまだったのではないかと考えられます。

また、200年ほど前のアラスカの石のこまや瓦の切れはしをこすってつくった沖縄のこまなども発見されています。

このように考えてみると、もっと以前に（極端ないい方をすれば、人類の生活がはじまった時点から）自然発生的に、世界各地で考え出されたものと考えるのが、もっとも自然ではないのでしょうか。

エジプトで発見された最古のこまは、木をけずってつくった「たたきごま」という種類のこまです。

木の実のこま

アラスカの石のこま

ヒトデのこま

沖縄の瓦ごま

インドネシアの竹鳴のこま

カリマンタン島のこま

こまミニ知識

こまのまわし方のいろいろ

●ひねりごま
指先でひねってまわす

●手もみごま
両手のひらで心棒をはさんでまわす

●糸引きこま
心棒にひもを巻き、そのひもを引いてまわす

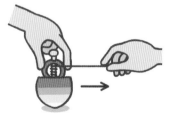

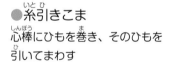

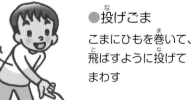

●投げごま
こまにひもを巻いて、飛ばすように投げてまわす

●たたきごま
ムチなどでたたいてまわす

5

日本のこまの歴史

日本最古のこまはどんなもの?

日本にこまが伝わってきたのは、平安時代に中国からといわれています。
日本に入ってきたこまはどのように人々の間に広まったのでしょうか?

日本最古のこまは、7～8世紀に藤原宮跡から発見された「たたきごま」といわれていますが、古い文献には「こま」という言葉は出てきても、どんな「こま」なのか書かれていません。

形が描かれているのは、平安時代後期に出された歴史物語『大鏡』が最初でした。その書には、

後一条天皇が幼少の頃、「おもしろいおもちゃを持ってきて」と頼み、家来たちは金銀などで飾られた豪華なおもちゃを差し出しましたが、興味を示しませんでした。そこで、藤原行成という人が紫の緒のついたこまをまわしはじめました。広い廊下を音をたてて走りまわるようすを見て、とても喜ばれ、こればかりで遊んでいた。

と書かれています。この記述のこまが「唐ごま」と呼ばれています。

文献には出てきませんが、おそらく太古の時代から自然物でつくった「ひねりごま」や「手まわしごま」、「たたきごま」であそばれていたと思います。

文献では『太平記』で、数人の子どもがこままわしに夢中になっているようすが描かれており、鎌倉時代にはかなり盛んにあそばれていたようです。

こまあそびが一番花開いたのは元禄時代でしょう。文献ではこまの胴部分を六面あるいは八面にけずってつくった賭博用の「お花ごま・八方ごま(独楽博分類上、角ごま)」と呼ばれるこまが酒席で使われていました。

また、まわっている間は踊り続けるという道具に使われた穴空き銭でつくった「銭こま」などのこまが考案され、貝ごま(後のべーごま)や投げごま、鉄胴ごまも考案されました。

貝ごま

自然物でつくられた代表的なこまで、べーごまの元になった。(江戸末期)

こまを楽しむ人々が描かれた浮世絵
(日本独楽博物館所蔵)

神代ごま

『大鏡』に書かれているものと同じ形のこまで、吉凶の占いにも使われた。

銭ごま

重みがあるため比較的長くまわるこま。(昭和初期)

西尾の六角ごま

主に大人のためのこまで、さいころの代わりにも使われた。

投げごまの歴史

日本独特のこま

現在、わたしたちがあそんでいる「投げごま」は、回転時間も長く、多くの技ができる日本独特のこまです。

舞台で曲ごまをする人を描いた浮世絵
（日本独楽博物館所蔵）

海外のこまのほとんどは「たたきごま」が進化した縦長のけんかごまが中心でした。日本では、元禄時代に上面が平たかった博多系のこまを改良した心棒の長い「九州けんかごま」が登場し、飛躍的に回転時間が延びて人気がでました。

心棒を長くしたことで、地面でしかまわらなかったこまが、手にのせたり、ひもにかけたりと多くの技ができるようになったため、人に見せるための曲芸師があらわれました。そして、集まった見物客に歯みがきや薬を売る人たちが出てきました。あまりに流行したため幕府から禁止令が出たほどです。そのため、舞台芸や大道芸に移っていきました。

はじめのうちは大人のあそびとして人気があったこまですが、次第に子どもたちの間でもあそばれるようになりました。

天保年間には「鉄胴ごま」も登場しました。「けんかごま」としても迫力があり、より回転力が増し、技も進化して、ますます子どもたちの心をとらえました。

浮世絵などに見る江戸時代の「投げごま」の上面は、少しふくらみをもっています。戦前までは日本各地にろくろで木製品をつくる木地師と呼ばれる人が、地元の子どもたちのためにこまをつくっていましたが、大量生産がはじまると生計が成り立たなくなり廃業していきました。

江戸末期の投げごま

大阪平ごま

博多けんかごま

古い鉄胴ごま

べーごまとベイブレード

＊べーごまの「べー」は「バイ」がなまったものです。

　べーごまは、江戸期にばい貝のからに砂やなまりをつめ、ろうでふさいだものをひもでまわしてあそんだのがはじまりといわれています。

　明治40年頃、関西で鉄製べーごまが登場したため、貝製のものは大正時代のはじめ頃には消えていきました。

　戦争がはじまると鉄や他の金属類が統制になったため、土製やガラス製などの材質のものがつくられるようになりました。

　昭和20年代後半頃までは、さかんにあそばれていましたが、新しいおもちゃやゲームに押され衰退していきました。しかし、最近は復活を願う愛好者が集まり、各地で大会も開かれています。べーごまは、年少児にとってはひもを巻くのがむずかしいことから、簡単にまわせるべーごまが考えられ、平成になって、ベイブレードが登場しました。

初期貝型　　　　　海螺貝のばい

関東で大流行した　戦時中につくられた
桜べーごま　　　　ガラス製のべーごま

改造べーごま

簡単にまわせるベイブレード

こまとこまがぶつかると、火花を出し、相手をはじき飛ばす迫力満点のべーごまあそびに夢中になる子どもたち。

日本のこま

　昔から多くの人たちに親しまれてきたこま。日本各地で形もまわし方もさまざまなこまがつくられてきました。ほんの一部を紹介します。

東日本

山形
筆ごま（山形）

新潟
鳴りごま（新津）

群馬
ひねりごま（草津温泉）

栃木
ちらちらごま（鬼怒川温泉）

石川
出世ごま（加賀）

富山
宝珠ごま（庄川）

愛知
ひょうたんごま（尾張地方）

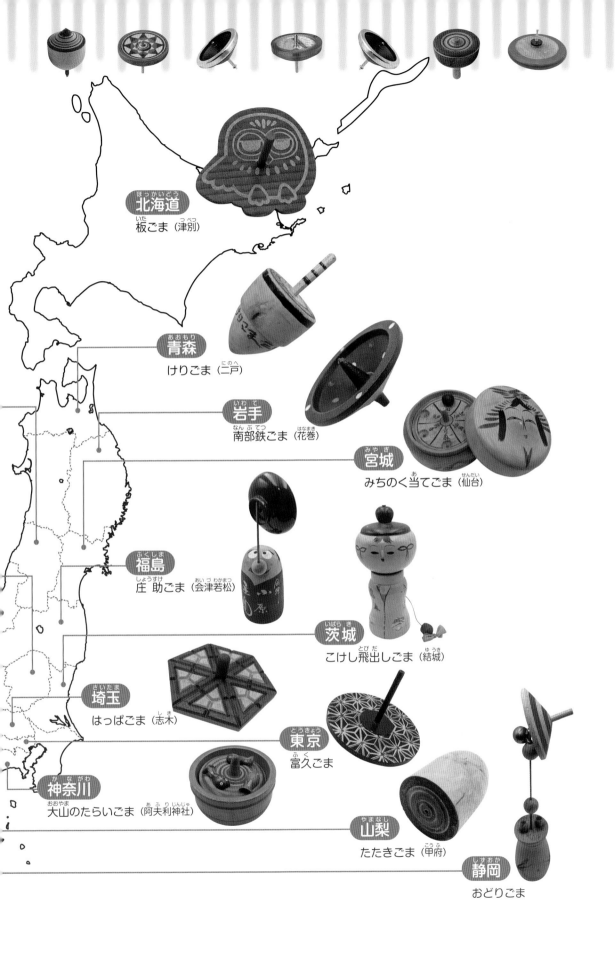

北海道
板ごま（津別）

青森
けりごま（二戸）

岩手
南部鉄ごま（花巻）

宮城
みちのく当てごま（仙台）

福島
庄助ごま（会津若松）

茨城
こけし飛出しごま（結城）

埼玉
はっぱごま（志木）

東京
富久ごま

神奈川
大山のたらいごま（阿夫利神社）

山梨
たたきごま（甲府）

静岡
おどりごま

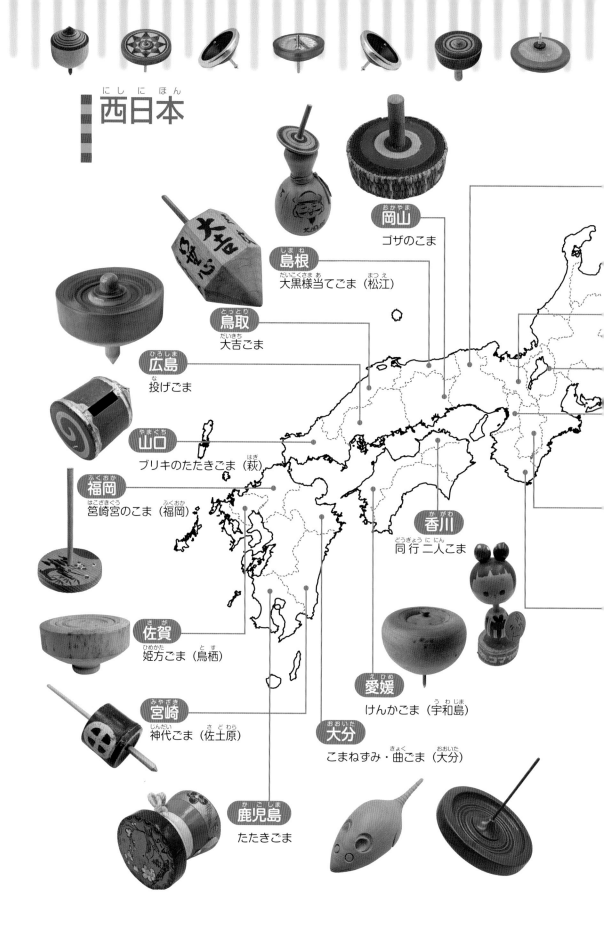

西日本（にしにほん）

岡山（おかやま）
ゴザのこま

島根（しまね）
大黒様当てごま（松江）（だいこくさまあ）（まつえ）

鳥取（とっとり）
大吉ごま（だいきち）

広島（ひろしま）
投げごま（な）

山口（やまぐち）
ブリキのたたきごま（萩）（はぎ）

福岡（ふくおか）
筥崎宮のこま（福岡）（はこざきぐう）（ふくおか）

香川（かがわ）
同行二人こま（どうぎょう）（ににん）

佐賀（さが）
姫方ごま（鳥栖）（ひめかた）（とす）

愛媛（えひめ）
けんかごま（宇和島）（うわじま）

宮崎（みやざき）
神代ごま（佐土原）（じんだい）（さどわら）

大分（おおいた）
こまねずみ・曲ごま（大分）（きょく）（おおいた）

鹿児島（かごしま）
たたきごま

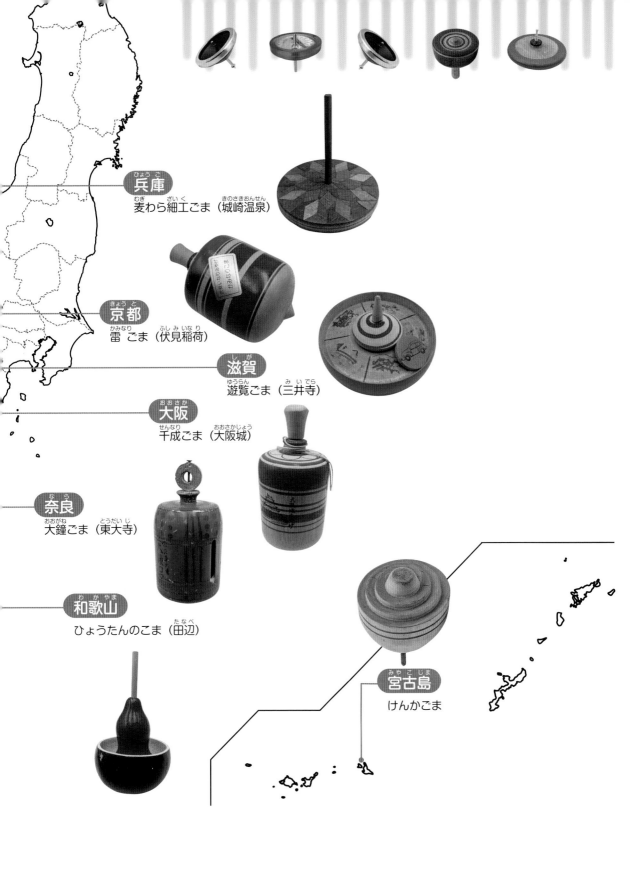

兵庫
麦わら細工ごま（城崎温泉）

京都
雷ごま（伏見稲荷）

滋賀
遊覧ごま（三井寺）

大阪
千成ごま（大阪城）

奈良
大鐘ごま（東大寺）

和歌山
ひょうたんのこま（田辺）

宮古島
けんかごま

世界のこま

世界の国々にも、独特な形やあそび方をするこまがたくさんあります。こまを通していろいろな国を旅してみましょう。

アジア

中国
花火ごま

韓国
たたきごま

香港
ヘビごま

マカオ
こすりごま

バングラデシュ
糸引きごま

ラオス
投げごま

台湾
空中ごま

フィリピン
ミンダナオ諸島の狩猟用のこま

パキスタン
投げごま

インド
投げごま

スリランカ
ひねりごま

ベトナム
ラオチャイ村の投げごま

マレーシア
投げごま

シンガポール
投げごま

インドネシア
手まわしごま

ティモール
投げごま

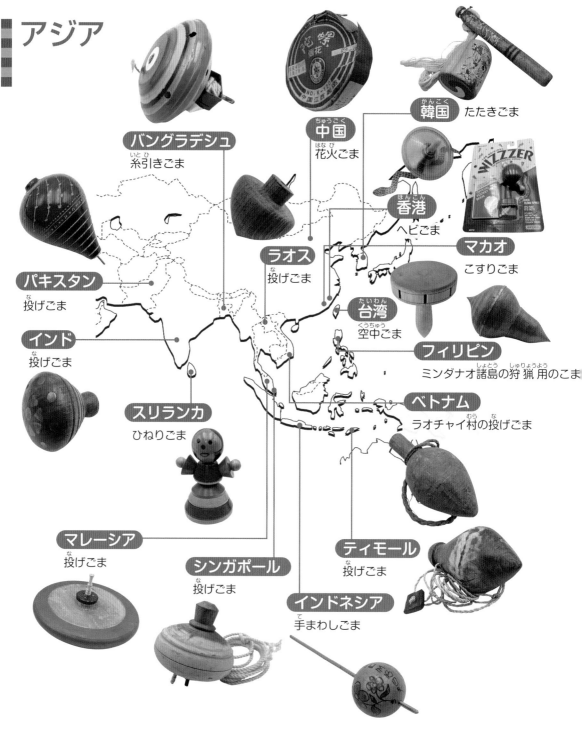

ヨーロッパ

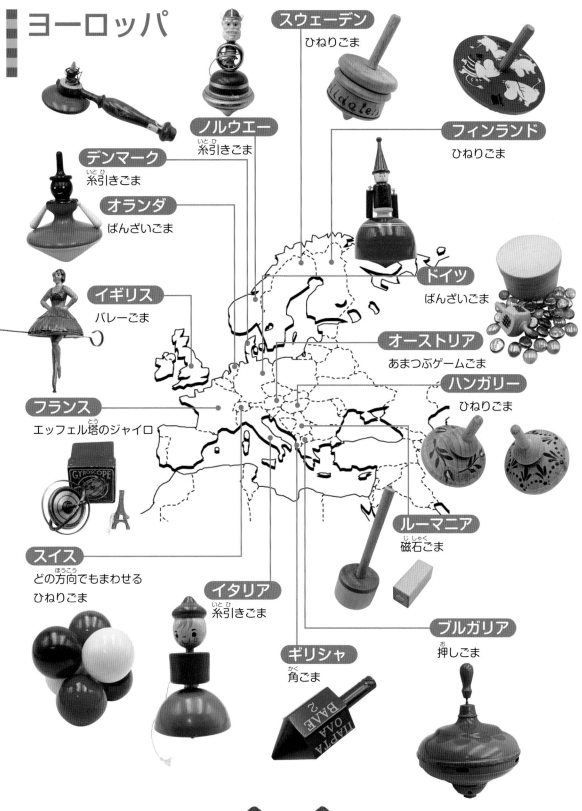

スウェーデン
ひねりごま

フィンランド
ひねりごま

ノルウエー
糸引きごま

ドイツ
ばんざいごま

デンマーク
糸引きごま

オランダ
ばんざいごま

オーストリア
あまつぶゲームごま

イギリス
バレーごま

ハンガリー
ひねりごま

フランス
エッフェル塔のジャイロ

ルーマニア
磁石ごま

スイス
どの方向でもまわせる
ひねりごま

イタリア
糸引きごま

ブルガリア
押しごま

ギリシャ
角ごま

南北アメリカ

カナダ
衝突飛出しごま

ドミニカ
投げごま

ジャマイカ 投げごま

アメリカ
ロデオごま・ばんざいごま

メキシコ
糸引きごま

ベネズエラ
投げごま

ホンジュラス
投げごま

コスタリカ
投げごま

ニカラグア 投げごま

コロンビア
投げごま

チリ
糸引きごま

ブラジル
投げごま

エクアドル
散歩ごま

アルゼンチン
投げごま

パラグアイ 投げごま

16

アフリカ・中近東・オセアニア・ロシア

ロシア
ひねりごま

トルコ
糸引きごま

モロッコ
散歩ごま

アフガニスタン
投げごま

イスラエル
けとばしごま

オーストラリア
押しごま

エジプト
たまごごま

エチオピア
たたきごま

ニュージーランド
空中ごま

こまの科学1 こまはなぜ倒れないの?

こまをいきおいよく離すと、ストンと地面に落ちて、くるくるとまわり続けるのはなぜかな? こまの不思議を考えてみましょう。

その1 慣性の法則

止まっているものは止まったまま、動いているものは、同じ速さ・同じ向きで動いたまま、そのままの状態でいようとします。これを「慣性の法則」といいます。

地球上では重力やまさつ、空気の抵抗など、外からの力がたくさんあるのでそうはいきませんが、無重力の宇宙空間などでこまをまわせば、同じ向きで、同じ速さでずっとまわり続けます。

その2 ジャイロ効果

回転するものが、そのままの状態でい続けようとする力を「ジャイロ効果」といい、この力は、回転が速ければ速いほど強くなります。まわっているとジャイロ効果によって安定するので、ラグビーボールや、やり投げのやりは、回転させて投げると安定して、まっすぐ飛びやすくなります。

地球上では、ものは重力によって地面に引っ張られています。こまもまわっていなければ

倒れてしまいますが、高速で回転することによって、その格好のままでい続けようとして、地面の上に立つわけです。しかし、ほかにも地面からのまさつや空気抵抗という、こまの回転を止めようとする力もはたらいています。こまの回転が弱くなると、こまのジャイロ効果もどんどん弱くなり、いずれは重力に負けて倒れてしまいます。

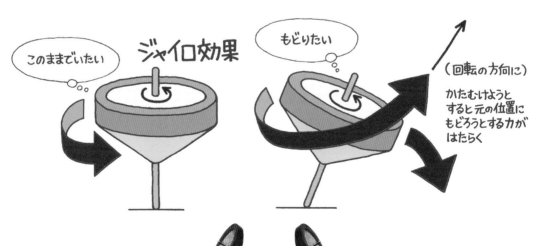

ジャイロ効果

このままでいたい

もどりたい

(回転の方向に)

かたむけようとすると元の位置にもどろうとする力がはたらく

その3 首振り運動（歳差運動・みそすり運動）と ねむりごま

ジャイロ効果には「そのままの格好でい続けようとする力」のほかに、もう1つおもしろい特徴があります。心棒（回転軸）を傾けようとすると、傾けようとした向きの横方向（直角方向）へ心棒（回転軸）が傾いてしまうのです。

こまをまわした時にこまが斜めになっていると、こまの頭がゆっくり円を描いたり、こまの足が地面をくるくると円を描いて移動したりするのを見たことがあると思います。これを「首振り運動」、むずかしい言葉で「歳差運動」（古くは、みそすり運動といい、すり鉢でみそをするような動き）といいます。

少しでも斜めになったこまには、重力によって倒れる方向に力がかかっていますが、ジャイロ効果によって、斜めになっても頭をくるくる振るだけで、倒れずにいるのです。

また、地面との「まさつ」も手伝って、こまの足があまり移動しなくなり、最後はまっすぐに立ち上がります。これを「ねむりごま」といいます。バランスのよいこまだと、止まっているようにも見えます。

歳差運動 （くびふり）

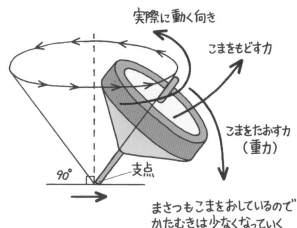

実際に動く向き

こまをもどす力

こまをたおす力（重力）

90° 支点

まさつもこまをおしているので
かたむきは少なくなっていく

ねむりごま

重力がまっすぐこまを
引っぱるので、かたむかない
→ くびふり運動はしない

●ジャイロ効果を体感できるこま

ジャイロ効果のはたらきを体感できるこまに、「ジャイロごま」があります。こまのまわりにリングがはまっているこまで、手に持ってもリングの中のこまの回転が止まらないので、いろいろな方向に傾けて、ジャイロ効果の動きを体感できます。斜めにまわしたりひもにつるして真横にまわしたりもできます。

歳差運動を起こさないようにつくられたこまに「マクスウェルのこま」があります。やじろべえのような形のこまで、こまの胴体の重心（重力のかかる中心）と、こまを支える心棒の足先（支点という）が同じ位置にくるようにつくられていて、指の上や細い土台の上でまわすと、斜めのままピタッと止まってまわる、不思議なこまです。心棒の頭で迷路をなぞるような動きも見せてくれます。

よくまわるこまって、
どんなこま？

■ ポイント1 重心(じゅうしん)

　よくまわるこまは、まわっている間(あいだ)ピタッと止(と)まったよう
に見(み)えるほど、まっすぐ立(た)っています。これは、回転(かいてん)するこ
まの重心(じゅうしん)に心棒(しんぼう)（回転軸(かいてんじく)）があるからです。重心(じゅうしん)というのは、
「形(かたち)」ではなく、「重(おも)さ」の中心(ちゅうしん)のことで、見(み)た目(め)ではわかり
ません。たとえば、木製(もくせい)のこまは、円(えん)の中心(ちゅうしん)に心棒(しんぼう)がささっ
ていても、木目(もくめ)が平均(へいきん)に入(はい)っているわけではないので、重心(じゅうしん)
にはなりません。ろくろという、まわしながら木(き)をけずる機(き)
械(かい)でつくったり、軽(かる)いほうに重(おも)りをうめ込(こ)んだりしてバラン
スをとります。逆(ぎゃく)に、形(かたち)がいびつであっても、そのものの重(じゅう)
心(しん)に心棒(しんぼう)がささっていれば、こまはきれいにまわります。ち
なみに、重心(じゅうしん)の高(たか)さは、低(ひく)いほうが長(なが)くまわるといわれてい
ます。

よくまわるよ！

重心に
心棒が
ささっている

■ ポイント2 こまの大(おお)きさ、重(おも)さ

　これには、慣性(かんせい)の法則(ほうそく)が関(かか)わってきます。ものは、重(おも)いも
のほど「動(うご)かない」ようにふるまう力(ちから)がはたらいているので、
より強(つよ)い力(ちから)で動(うご)かそうとしなければなりません。逆(ぎゃく)に、動(うご)き
はじめると、今度(こんど)は「動(うご)き続(つづ)けよう」とするのです。重(おも)いこ
まのほうが回転(かいてん)が長持(ながも)ちします。それも、重(おも)さが心棒(しんぼう)から重(おも)
さが離(はな)れているほうが、回転(かいてん)する時(とき)の力(ちから)も強(つよ)くなります。し
たがって、こまは大(おお)きく重(おも)く、重(おも)さは円(えん)の外側(そとがわ)に集(あつ)まってい
るもののほうがよくまわります。世界一長(せかいいちなが)くまわる投(な)げごま、
マレーシアの「ガシン」は、円(えん)の外側(そとがわ)に大(おお)きな鉄(てつ)の輪(わ)がはま
っています。

ずーっと
まわるよ！

鉄

■ ポイント3 心棒の足先（支点）

心棒の足先（支点）は、地面と直接触れる部分なので、「まさつ」が関係してきます。まさつは、こまの回転を止めようとするので、できるだけ少ないほうがよいのです。ものは、たくさんの面が触れているとまさつが大きくなりますので、心棒の足先（支点）は、細いほうが少なくなります。

しかしとがっていると、地面にささってしまい、まさつが強くなってしまうので、ある程度丸いほうがよいです。また、足先が丸くなっていると、首振り運動の助けも強く、こまがまっすぐ立ち上がりやすくなります。

心棒は…

■ まとめ

■ よくまわる（長くまわる）こまの条件
● 心棒がこまの重心を通っていること
● 重心が低いこと
● 直径が大きく、重さが円の外周に集まっていること
● 心棒の先が細く丸く、まさつが少ないこと
　（地面が固く、よくすべる場所だとなおよい）

覚えておこう！　なーるほど！

●ミニ知識● 重心の高いこま

地球上にあるものは普通、重心が低いほうが安定しています。しかし、こまはまわっている間は重心が高いほうが安定するという不思議な性質をもっています。

ゆでたまごを横向きにまわすと、だんだん傾いて縦向きにまわるようになりますが、これはまさつ、歳差運動、重心と回転軸のズレなどが複雑に影響しあった結果といわれています。この性質を利用したこまに「さかだちごま」があり、ボール形の胴体の1か所を切り、そこに心棒をさした形をした「ひねりごま」になります。丸い部分を下にしてまわすと、だんだん向きを変え、最終的には心棒を下にして、安定してまわります。こまはより安定した向きでまわろうとするのです。

おおお！

自分だけのこまをつくろう

こまはとても身近なおもちゃで、身のまわりにはこまの材料になるものがたくさんあります。手を加えなくてもそのままでこまになるものだってあります。

古くはどんぐりにつまみ軸をさしてつくったり、石ころや貝殻をけずったりして、手元にあるもので、おもちゃをつくってあそんでいました。もちろん、時間をかけてていねいにつくれば、見た目もきれいで、よくまわるこまができるのですが、基本的にそんなにむずかしい加工は必要ないのです。

ここでは、むずかしく考えずに、20ページで紹介した『よくまわるこま』の条件を参考にして、こまをつくってみましょう。

はじめはうまくいかないかもしれませんが、いろいろためしていくうちに、よくまわるこまがつくれるようになるでしょう。あきらめずチャレンジしていけば、こまづくり名人になれるかもしれませんよ。

用意しておくと便利な道具

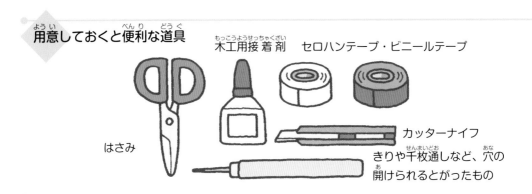

木工用接着剤　　セロハンテープ・ビニールテープ

はさみ

カッターナイフ
きりや千枚通しなど、穴の開けられるとがったもの

注意

■ 刃物を使う時はけがに気をつけよう。刃物を持っている時は、ふざけてはだめだよ。

■ 工作は片づけも大事。つくり終わったら、道具を元にもどし、散らかしたゴミはまとめて捨てよう。

使うときは気をつけて！

工作1 テープごま

色とりどりのテープを使って、まわった時の
色の変化を楽しもう。

用意するもの

つまようじ（竹串）　　　　　　　　　　　　のり（セロハンテープ）

紙テープ

つくり方

① つまようじに紙テープの端をはりつける。

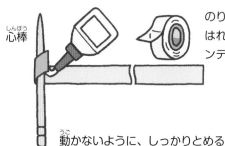

心棒

のりのほうがしっかり
はれるけれど、セロハ
ンテープでもいいよ

動かないように、しっかりとめる

つまようじは、とがって
いるほう、まるいほう、
どちらが下だとよく
まわるかな？

② 紙テープをつまようじにくるくる巻いて、胴体をつくる。

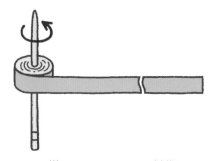

！ポイント

●すき間のないようにしっかりと巻く。
●巻く回数は決まっていない。いろい
　ろな太さでためしてみよう。

③ 紙テープの端をのりでとめて完成。

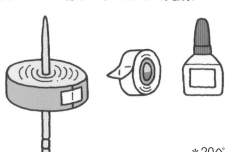

ためしてみよう

★紙テープの代わりにいろいろな素材
　のテープを巻いてみよう。
★巻く途中で素材を変えてみよう。

＊20ページを見て、どんなこまがよくまわるか考えてみよう。

工作2 CDごま

ビー玉とCDだけでつくれる超簡単ごま。
CDにいろいろな絵を描いても楽しいよ。

用意するもの

CD（DVD）

ビー玉

接着剤

つくり方

① CDの穴にビー玉をはめ、接着剤でとめて完成。

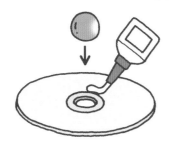

ちょっとだけ出た部分が心棒になる

＼ ビー玉は球体なので、どこでも地面と「点」で接する ／

＼ CDは、もともときれいにまわるようにつくられているので、とてもよくまわるよ。しかも簡単！ ／

ためしてみよう

★CDに絵を描いてまわすと、どんなふうに見えるかためしてみよう。

ベンハムのこま

白と黒だけなのに、まわるといろいろな色が見える

ストロボごま

円周上に白黒のモザイク模様を入れていこう

蛍光灯の下でまわすと、こまが右にまわったり、左にまわったりして見えるよ

★モザイクの数や大きさでどんな見え方になるかな？

工作3 いろいろな形のこま

三角、四角、星形……。どんな形のこまが一番まわるかな? ためしてみよう。

用意するもの

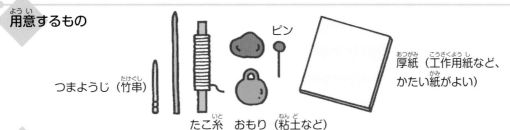

つまようじ(竹串)

たこ糸　おもり(粘土など)

ピン

厚紙(工作用紙など、かたい紙がよい)

つくり方

① 厚紙を好きな形に切る。

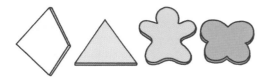

最初は三角形や四角形などシンプルな形からチャレンジしよう!

② 切った厚紙の端に穴をあけ、おもりをつけたたこ糸と一緒にピンで壁などにぶらさげる。

厚紙とおもりは壁に当たらないようにする

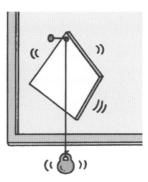

穴はピンの太さより大きくしてゆるゆるにしておく

たこ糸の線に合わせて、厚紙に線を引く

③ ②を最低2か所で行い、引いた線が交差するところが重心になるので、そこに穴をあけてつまようじの心棒をさす。

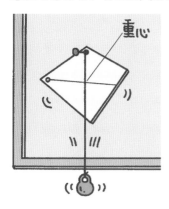

重心

完成!

慣れてきたら複雑な形のこまをつくってみよう

工作4 マクスウェルのこま

斜めになったまままわる不思議なこまだよ。なぜ倒れないのか考えてみよう。

用意するもの

 ビニールテープ

つまようじ（竹串）

 家具などの床保護用フェルトシール
（100円ショップなどにあるよ）

  プリンやヨーグルトのカップ、植木鉢の水受け皿など

つくり方

① カップの真ん中に穴をあけ、心棒の支え用にフェルトシールをはりつける。

フェルトシール

② 心棒を穴にさし、カップのふちにビニールテープを数回巻いておもりにする。

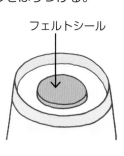

とがったほうが中側

＊このこまは指の先やペンの先のへこんだところなどでまわします。

ためしてみよう

★心棒の足をずらして、長くしたり、短くすると、どんな動きになるかな？

★針金でうずまきなど、いろいろな形をつくり、心棒の頭に当ててみよう。

頭を針金がなぞっていくよ。

ピタッ！

重心と心棒の足先がぴったり合うと、くびふり運動をしないよ

26

こまの保管

あそんだ後、こまをポケットに入れたままだったり、放り出しておくと、けがにもつながります。自分にもこまにもやさしい、保管のしかたを紹介します。

●こま袋や工具ケース

お弁当用などのきんちゃく袋や工具類を入れるケースに保管。スッキリ片づけられ、持ち運びにも便利です。

●こまホルダー

キーホルダーのようにぶら下げる「こまホルダー」。身近にある材料をつかって、工夫してつくってみましょう。

オリジナルベーごまをつくろう

勝負に勝つためにさまざまな改造がされているべーごま。強いべーごまを持つことも、べーごま名人への第一歩です。

●ぬり絵べーごまのつくり方

① べーごまをペットボトルのキャップの上にのせ、下地に白色のマニキュアをぬる。
白をぬっておくと、他の色をぬった時にきれいに色が出る。

② 乾いたら、つまようじにマニキュアをつけて絵を描く。面をぬる時は、マニキュアをたらして、筆で伸ばすとよい。

でき上がり！

●改造べーごまのつくり方

向かい合う面をけずり、角度をずらしながらけずっていく。

＊「けずる」「まわす」をくり返しながら、中心を出していく。

完成例

●先をとがらせて、まさつをへらす。

●上の角を出して、ひっかかりを強くする。

●背を低くして、ぶつかる位置を低くする。

「日本こままわし協会」紹介

　日本こままわし協会は、全国の子どもたちや指導者に、多くの情報を提供するため、2002年9月に「日本こままわし普及協会」として発足しました。ホームページや年5回の会報など使って各地のこまや会員さんの活動、イベントの情報などを発信しています。

　2016年には「日本こままわし協会」に名前を変えましたが、変わらずこままわしの普及に努めています。各地の会員さんの力も借りながら、「こままわし大会」を続けており、2019年には100回を越える大会を開催してきました。特に初心者へのサポートに力を入れた大会で、こまがまわせない子からも参加でき、まわし方から教えてもらえます。

　また、2014年からは、投げごまの技にこだわる上級者に向け、「段位認定制度」も導入し、年に1回、「こま技選手権大会」の開催もしています。

　日本こままわし協会が開発に監修し、2016年に新たに誕生した協会認定こま「ツバメ」は初心者はもちろん、上級者にも扱いやすく、技の進化も止まりません。

　会員も随時募集しています。こままわしに興味のある方はだれでも入会できます。一度ホームページも見てください。

日本こままわし協会ホームページ
http://yantya.yokochou.com/

28

めざせ！
こままわしの達人

初級編、中・上級編を読んでいろいろな技ができるようになったら、日本こままわし協会が開催している「こま技検定」にチャレンジしてみよう。できる技によって級が分かれているので、はじめての人はまずは10級に挑戦して、どんどんむずかしい技をクリアしていってね。

級位認定項目（10級〜1級）

級位	技項目	補足
10級	こまがまわせる★	10秒以上 地面でまわること
9級	犬のさんぽ（移動距離30cm）★	ひもでこまを引きする。ひものかけ方はどのような形でもOK
8級	まと入れ（まとの直径30cm）★	まとの外から弾んでまとに入る、入ったけれど弾んでまとから出るなどはNG。こまを投げて直接まとの中でまわること
7級	線香花火（3秒）	別名「あさがお」近年では「線香花火」と呼ばれることが多い
6級	ひもかけ手のせ★	「ひもかけ手のせ」「かつおの一本釣り」など。ひもをこまにかけて引き上げ手の上でまわす技ならOK
5級	どじょうすくい★	「どじょうすくい」「カモーン」など。ゆびでこまを持ち上げ手の上にのせる技ならOK
4級	日本一周★	ひもで引っかけ空中に浮かせた地点から自分の周りを1周以上まわすこと
3級	メリーゴーランド（3周）★	地面からスタートし、地面に戻す形でOK（もちろん手にのせてもOK）
2級	はつもうで（2拍）★	6級「ひもかけ手のせ」、5級「どじょうすくい」からのスタートでOK
1級	空中手のせ★◆	「つばめ返し」「ひばり返し」など。こまを空中でそのまま手にのせる技ならOK

段位認定項目（初段〜6段）

初段
つばめ返し★◆
ひばり返し★◆
まと入れ（15cm）★
フォークボール◆
お手玉（5回）★

2段
つなわたり◆
スタンダップ◆
リフティング◆
同時2個まわし◆
ひものせ◆

3段
ツイスト往復◆
つなわたり往復◆
ゆびのせ◆
トランポリン（3回）◆
こしかけ◆
大車輪◆
初日の出（3秒静止）◆

4段
股かけ◆
かざぐるま◆
燈籠◆
竜巻◆
へび（3周）◆
うずしお（3セット）◆
なわとび（3回）◆

5段
うぐいす◆
足かけ◆
耳かけ◆
はやぶさ返し◆
鯉の滝登り◆
地獄車（3周）◆
空中大車輪◆
燕尾返し★◆
両手へび（5周）◆
むち（3回）◆

6段
砂時計◆
かまいたち（5セット）◆
牛若丸（往復）◆
夜叉車◆
忍者◆
同時2個空中手のせ◆
白刃取り◆
ちょんがけ足抜き（5回）◆
背面むち◆
くさりがま（3周かけ）◆

※ 1つの技が3回中1回成功すれば合格。すべての技を成功させるとその段位が合格となります。
※ 既存の技でも、内容が変化しているものもあります。
※ ★は、初級編、◆は、中・上級編で紹介しています。
※ 日本こままわし協会のこま技段位認定の検定は、協会会員になればだれでも受けることができます。

日本独楽博物館に行ってみよう

おっちゃんが待っているよ

日本各地のこまはもちろん、海外の60数か国のこまが4万点以上展示されています。こま以外にも、昭和初期から40年代を中心として、江戸時代から現代までのおもちゃや子どもの生活用品が並べられていて、大きなおもちゃ箱の中にいるような気持ちになります。おっちゃんやスタッフがいる時には、こまの技や伝承あそびを教えてくれます。

世界各国のこまのほかに、色とりどりの昔あそびのおもちゃがてんじょうまでぎっしり。こまがまわせるスペースもあるので、学校帰りや休日には未来のこま名人たちがやってきます。

おっちゃんプロフィール
藤田由仁さん

日本独楽博物館の館長であり、日本こままわし協会を立ち上げ、全国をまわってこまあそびを広げる活動をしています。こままわしの名人「こまのおっちゃん」として、多くの子どもたちにこまあそびのおもしろさを伝えています。

【所在地】〒455-0047
愛知県名古屋市港区中之島通4丁目7の2
【電話】052-661-3671
★休館日は不定です。行く前に電話で確認しましょう。
【入館料】無料　【URL】http://www.wa.commufa.jp/~koma/

うまくまわせなかったり、むずかしい技ができなくてもあきらめず、何度もチャレンジしてほしいですね。

30

あとがき

　「伝承あそび」には、それぞれ技やあそび方がたくさん伝えられていますが、昔からすべての技があったわけではありません。その時々に、子どもたちが考えだして進化させてきたのです。

　競技のルールも全国共通でなく、初心者、年少者がいればハンディをつけるなどして、みんなで楽しくあそべるように柔軟さを残しているのが「昔のあそび」です。

　その中でも、こまやけん玉、お手玉などは、何度もチャレンジして「技もの」に成功したり、ある日突然タイミングや力の強弱が必要であることに気づき、あそびながらコツを覚えていきます。そして成功することにより自信へとつながります。

　学校の勉強のように知識を得ることは大切なことですが、反面、自分で考えることが少なくなってしまうような気がします。

　29ページで紹介した「こまの段位認定制度」も同じで、高度な技ができることもすごいことですが、挑戦すること、新しいことを工夫する力（知恵）を子どもの時代に体験してもらいたいと思っています。簡単にできることより、「できないこと、むずかしいことのほうがおもしろい」と感じられるようになれば、人生はより楽しくなると思います。

　「こま（独楽）まわし」は、一人だけで楽しむものではありません。家族や友だちと、技を教えあったり、勝負したり、一緒にあそぶことで楽しさは倍増します。

　世界に誇れる「日本の投げごま」を、次の世代に引き継ぎ、こまの楽しさをみんなに広げていってほしいと願っています。

【著者紹介】
日本こままわし協会 （にほんこままわしきょうかい）
2002年9月、「日本こままわし普及協会」として発足し、ウェブサイトや年5回の会報などで各地のこまや会員の活動、イベント情報などを発信する。2016年に「日本こままわし協会」へ名称変更後もこままわしの普及に努めている。主催する「こままわし大会」は2019年に100回を越えた。

日本こままわし協会会長　日本独楽博物館館長
藤田由仁 （ふじた・よしひと）
「こまのおっちゃん」の愛称で親しまれ、300種以上もあるこまの技や伝承あそびを普及するため日本各地を巡演。10数か国の海外公演もおこなっている。

制作協力●
赤坂幸太郎／島村純／鈴木翔心／谷直柔・谷幹太／照屋礼／長谷川仁薫／古川元気／三上大晴／源口ひいろ／山瀬圭・山瀬琢磨・山瀬竜之介・山瀬千福／吉田直弘／赤坂和広／岡本豊／金坂尚人／上玉利大樹／長谷川貴彦／日高明宏／古井将昭／宮下直毅／門馬洋子／
赤羽ベーゴマクラブ／綾瀬児童館／中野スキルトイクラブ

協力●市川昌吾／武田勉／渡邉有希乃
画像提供●日本独楽博物館／片野田斉
撮影協力●喜多英人　編集協力●内田直子
イラスト●種田瑞子
本文DTP●渡辺美知子デザイン室

【図書館版】こま博士になろう まるごとこまを知る本

2020年4月1日　第1刷発行

著　者●日本こままわし協会©
発行人●新沼光太郎
発行所●株式会社いかだ社
〒102-0072　東京都千代田区飯田橋2-4-10　加島ビル
Tel.03-3234-5365　Fax.03-3234-5308
E-mail　info@ikadasha.jp
ホームページURL　http://www.ikadasha.jp/
振替・00130-2-572993

印刷・製本　モリモト印刷株式会社
乱丁・落丁の場合はお取り換えいたします。
Printed in Japan
ISBN978-4-87051-525-3